LES DERNIERS JOURS

DE LA GRANDE ARMÉE

OU

SOUVENIRS, DOCUMENTS,

ET CORRESPONDANCE INÉDITE DE NAPOLÉON EN 1814 ET 1815,

PAR

Le Capitaine HIPPOLYTE DE MAUDUIT.

Extrait du Spectateur Militaire.

(Novembre et Décembre 1850.)

PARIS,

IMPRIMERIE DE L. MARTINET,

RUE MIGNON, 2.

1850.

LES

DERNIERS JOURS DE LA GRANDE ARMÉE

OU

SOUVENIRS, DOCUMENTS,

ET CORRESPONDANCE INÉDITE DE NAPOLÉON

EN 1814 ET 1815.

I

M. de Mauduit, l'auteur de l'*Ami du soldat*, des *Souvenirs d'une garde à Saint-Cloud*, et de différents opuscules qui ont paru dans le journal *la Sentinelle* dont il est le fondateur et le propriétaire, n'a pas reculé devant la tâche difficile d'écrire l'histoire militaire de 1814 et de 1815.

Avant de prendre la plume, M. de Mauduit avait à faire choix d'un procédé historique ; à prendre, comme on le dit, son point de vue, et il a choisi le point de vue du patriotisme et de la gloire.

L'auteur aurait pu, comme bien d'autres, se placer, pour écrire son livre, sur le terrain des théories sociales, religieuses et philosophiques ; mais il a compris qu'il s'agissait d'une œuvre de bataille, et que cette œuvre devait être exclusivement militaire. En se plaçant au point de vue de la gloire pour écrire l'histoire des derniers jours de la grande armée, M. de Mauduit a donc fait preuve de tact, de goût et de patriotisme.

Et à ce propos, qu'il nous soit permis de dire ceci : Nous sommes pleins de respect pour les historiens qui, afin de mieux guider l'incertitude des jugements humains à travers le dédale des préjugés, des passions des opinions, des égoïsmes personnels ou nationaux, se placent à un point de vue universel et permanent ; mais nous ne pouvons dissimuler notre secrète sympathie pour ceux de nos historiens qui, pleins de feu, de force et de poésie, laissent volontiers percer leur amour ardent pour la patrie commune à travers les événements qu'ils sont chargés de décrire.

M. de Mauduit a compris qu'il ne devait pas sacrifier la vérité individuelle et nationale à la vérité générale. Il a tenu compte dans son livre de nos instincts belliqueux : à l'instar d'Augustin Thierry, qui, dans l'honnêteté et la franchise de son style, éprouve un secret plaisir à faire l'éloge des nobles Gaulois qui firent si souvent trembler les maîtres du monde, l'auteur des *Derniers jours de la grande armée* se plaît à exalter le courage des intrépides soldats qui firent si souvent trembler aussi les ennemis de la France.

« Notre histoire, dit l'auteur, c'est Napoléon lui-» même qui nous l'a dictée ; c'est donc une pierre qui, » de droit, appartient à son mausolée. Nous avons » voulu, en écrivant notre livre des *Derniers jours de* » *la grande armée*, apporter notre modeste tribut à la » glorieuse mémoire de Napoléon. Que l'on nous per-

» mette donc, à nous humble soldat de sa vieille garde, » de déposer sur le cercueil du grand Empereur cet » hommage de notre admiration pour le plus grand » homme de guerre qu'ait connu le monde ! »

Voilà de mâles paroles; on sent en les lisant qu'elles ont été dictées par un cœur loyal et dévoué. Que M. Mauduit soit donc le bienvenu ; qu'il se hâte d'étaler devant nous ces pages brûlantes nuancées du feu des batailles. Le souffle qui les anime fait du bien à l'âme. Les pensées qui s'en dégagent, rapides et serrées comme des escadrons, inspirent nous ne savons quel sentiment de respect et d'admiration profonde pour les héros de nos longues guerres.

Acteur et témoin des événements qu'il raconte, M. de Mauduit, ayant eu le rare bonheur de prendre part à notre dernier duel avec l'Europe, a pu parler des événements de 1815 en toute connaissance de cause.

C'est un avantage énorme pour un écrivain de pouvoir dire : J'étais là. Le lecteur se sent naturellement plus de sympathie pour l'historien qui a vu ce qu'il décrit, que pour celui qui n'a vu la guerre qu'à travers l'atmosphère poudreuse de son cabinet.

L'ouvrage de M. de Mauduit embrasse une période de quatre ans. Il forme deux volumes, divisés en livres et subdivisés en chapitres. Occupons-nous d'abord du premier volume.

L'auteur, ayant l'intention de parler longuement des événements de 1815, a compris que pour donner plus de vigueur, plus de netteté, d'éclat, d'étendue et de précision à son vaste tableau de la bataille de Waterloo, il devait faire précéder son impartial récit de quelques détails sur la campagne de Russie et sur la campagne de France.

Il est évident qu'en laissant de côté ces pages attachantes de notre histoire, M. de Mauduit n'aurait pu représenter avec le même intérêt le drame et les acteurs de la glorieuse époque dont il s'est fait l'historien.

Ouvrons bien vite la première page des *Derniers jours de la grande armée.*

« Napoléon, dit l'auteur, en passant le Niémen, le » 24 juin 1812, à la tête d'une armée formidable, avait » pour but non pas la conquête de l'empire russe, mais » l'accomplissement d'une idée toute nationale, tout » européenne. »

Cette opinion nous paraît juste. Il est une chose qu'on ne saurait trop répéter lorsqu'il s'agit de Napoléon : c'est qu'il eut la ferme volonté de prendre possession du présent, afin de mieux préparer à la génération qui suivait la conquête de l'avenir. Comme l'a dit un publiciste, le monde n'a pas secondé l'œuvre de Napoléon, parce que les hommes ont pris pour la guerre et la conquête ce qui n'était que la croisade humanitaire. Les historiens, les poëtes, les artistes qui ont fait de l'Empereur un conquérant exclusif, et de nos généraux des instruments aveugles de la volonté du maître, se sont trompés. Les conquêtes, les victoires de l'Empire étaient le moyen et non le but : le but était la civilisation moderne.

Mais laissons là cette appréciation historique qui nous conduirait beaucoup trop loin, et revenons, sans plus tarder, au livre de M. de Mauduit, et au chapitre qui traite de la campagne de Russie.

Napoléon passe le Niémen. Les Russes, qui avaient été prévenus de ses desseins, étaient en mesure de se défendre. Cependant, à mesure que notre armée avance, l'armée russe recule. L'Empereur pénètre plus avant dans les déserts que lui ouvre la retraite de l'ennemi. Il arrive à Smolensk, traverse de nouveaux déserts, et se trouve bientôt sous les murs de Moscou.

Napoléon ordonne les apprêts de la bataille : le feu s'ouvre. La gauche des Russes commence à plier, mais lentement, sans désordre. « Le choc est effroyable :
» l'infanterie russe reçoit la mitraille à bout portant ;
» la cavalerie se brise contre le carré de Friant. Cependant Davout et Ney continuent leurs progrès sous le
» feu redoublé des canons de Bagration. Entre les deux
» routes on croise la baïonnette, et sept cents pièces
» ouvrent d'horribles sillons. La bataille dure encore ;
» mais Ney, qui doit être salué prince de la Moscowa,
» frappe au cœur la gauche de l'armée russe, y fait
» une large trouée, et force Kutusoff à battre en retraite. »

La bataille est perdue pour les Russes ; c'est alors qu'ils donnent à l'armée française le spectacle épouvantable de l'embrasement de Moscou.

Loi invincible de la fatalité ! Cette victoire qui vient de fortifier les cœurs, de retremper les courages, doit disparaître au milieu d'une tempête irrésistible. Les soldats de la grande armée, ces hommes si formidables dans la guerre, si braves au feu, si fiers sous leur glorieux drapeau, vont bientôt se trouver en face de la misère. Eux qui ont été si souvent divinisés par la gloire vont être divinisés par la douleur !

La retraite mémorable de Moscou commence. — A

peine notre armée a-t-elle quitté ce théâtre de malheur, que le soleil, qui jusqu'alors avait éclairé la marche, se dérobe sous d'épais nuages ; des flots d'une neige abondante s'échappent de ces nuages, et ensevelissent dans une mer de glace l'immense terrain sur lequel passe notre armée. La haine, la vengeance, les plus cruelles privations, les plus terribles supplices se réunissent pour obliger nos soldats à mourir lentement dans les regrets et dans les tortures. Mais à quoi bon chercher à nous attendrir au récit de si grandes infortunes? Nous qui les plaignons, ces soldats héroïques, ils marchaient encore dans leur force, quoique blessés et poursuivis par des ennemis implacables! Embrasés de l'esprit du drapeau et mourant sous les coups du malheur, ils sentaient instinctivement que ce sang qui coulait de leurs blessures, que ce ciel de glace qui s'appesantissait sur leurs têtes, que ce dernier combat qu'ils livraient au génie des ténèbres, ils sentaient que tout cela c'était du courage et de la gloire qu'ils semaient sur un terrain où l'esprit de la France planera peut-être un jour. Oh! ce fut, disons-le, une terrible catastrophe, un effroyable désastre! — Que la haine n'aille pas cependant jusqu'à nous dénier le droit d'être fiers du courage, de l'héroïsme de nos pères ; car, il faut bien qu'on le sache, l'armée mourut avec toute sa gloire. Comme l'a dit l'auteur :

« Ce ne sont point les ennemis de la France qui ont » fait tomber les armes des mains de ses valeureux » enfants ; ce n'est point une victoire qui les a dispersés » sur tous les chemins, aucune arme étrangère ne les » a frappés au cœur ; ils n'ont eu à rougir d'une déroute » ni d'une défaite ; et l'ennemi lui-même n'a pas osé

» poursuivre seul cette armée que la misère rendait » impuissante, et que la mort moissonnait à chaque » pas. »

II

Voici le chapitre II de l'ouvrage : nous sommes en 1813. L'Empereur vient de rentrer dans la capitale, et le bruit de la catastrophe de Russie ne tarde pas à se répandre en Europe. A cette nouvelle, les ennemis que Napoléon avait humiliés par tant de défaites font entendre un cri d'acclamation et de triomphe. Les uns éclatent en menaces contre la France et vont rejoindre les Russes ; les autres se contentent de manifester leur joie sans reprendre les armes, car ils savent que l'Empereur a survécu à ce grand désastre.

Cependant, au milieu de cet ébranlement général, Napoléon ne néglige rien pour réparer les revers affreux qu'il vient d'essuyer, et se mettre en état de résister à la coalition des peuples de l'Europe qui s'apprêtent à marcher contre lui.

Il reste de notre vaillante armée, si cruellement éprouvée par la campagne de Russie, 40 à 50,000 combattants. L'armée d'Espagne envoie à l'armée d'Allemagne sa vieille cavalerie. Les troupes de l'Illyrie traversent le Tyrol, et de nouvelles levées vont se joindre aux intrépides légions qui se groupent autour de l'Empereur en attendant la bataille de Lutzen.

Nos ennemis croyaient que notre armée était pour toujours frappée au cœur, et les voilà qui tremblent à l'aspect de notre grand drapeau si souvent victorieux. Ils croyaient que la France reculait parce qu'elle était à moitié morte, et maintenant qu'elle se réveille, la menace expire sur leurs lèvres, car ils savent par expérience que lorsque nos soldats s'avancent au bruit du tambour, la victoire est presque toujours avec leurs bataillons.

A la suite de la retraite de Russie, les Russes et les Prussiens, leurs nouveaux alliés, après avoir conquis la Pologne, sont entrés en Allemagne. Napoléon les bat dans les plaines de Lutzen, les bat encore à Bautzen, et les force, dans la bataille de Wurschen, à vider le champ de bataille pour échapper à une destruction complète.

Nous regrettons de ne pouvoir donner plus d'étendue à notre analyse. Nous voudrions avoir le temps de suivre notre armée à Grossbeeren, à la Katzback, à Dresde, à Culm, à Dennewitz, à Wachau, dans tous ces combats, dans toutes ces batailles où nos soldats, serrés les uns contre les autres, se battaient pour la patrie sous le regard du grand Empereur. Il est vrai que ces souvenirs de guerre vivent encore dans toutes les mémoires, dans tous les cœurs. Nous ne pouvons toutefois nous empêcher de dire quelques mots de la bataille de Leipzig, et, pour en parler avec plus d'exactitude, nous jugeons à propos de citer ce passage du livre de M. de Mauduit :

« Le 18 octobre 1813 approche : c'est la journée à » jamais triste et mémorable de Leipzig. Les Saxons et » les Wurtembergeois, sur lesquels on croit pouvoir » compter dans cette action décisive, font un mouve- » ment vers l'ennemi. Les bataillons français le croient » offensif et y applaudissent ; mais l'illusion est courte.

» A peine arrivés sur le front de bandière de l'armée » combinée, les pièces sont mises en batterie contre » nous, et nous donnent la preuve de la trahison la » plus odieuse qu'on puisse commettre un jour de ba- » taille. Dès lors le courage de l'armée française devient » inutile, la partie devient inégale, car les 20,000 trans- » fuges, qui s'ajoutent aux 300,000 autres ennemis, sont » réellement pour nous une perte de 40,000 hommes.

» Comment prolonger la lutte après un coup si inat- » tendu, ayant à notre dos une rivière sans gué, et pour » toute retraite les rues étroites de Leipzig, et un seul » pont. L'issue de cette fatale journée ne pouvait plus » être douteuse. Aussi combien fut-elle funeste, com- » bien n'influa-t-elle pas sur les destinées de l'Empire » et sur l'avenir de la France, en donnant à la coalition » une force et des espérances que cette même journée » eût pu anéantir à jamais. »

Ce résumé pourrait être plus long : c'est un petit tableau de genre, pas même un tableau, tout simplement un croquis; mais remarquez bien que l'auteur lui-même ne prétend pas avoir donné autre chose, car il a grand soin d'ajouter :

« Nous n'essaierons pas de décrire la bataille de » Leipzig; pour qui n'y a pas assisté, elle paraîtrait une » fable. »

Le mot est heureux. Il est de fait qu'à cette merveilleuse époque, les événements les plus imprévus, les batailles les plus imposantes semblent défier parfois l'intelligence et le génie de l'historien.

III

En continuant l'analyse de l'ouvrage de M. de Mauduit, mille pensées de guerre nous arrivent en foule, et nous sentons battre notre cœur comme si nous étions pour quelque chose dans ces luttes sublimes, comme si nous avions pris part aux actes de dévouement et de courage des soldats de la grande armée. Étrange effet de la gloire sur les âmes françaises ! Elle fait éprouver de nobles frémissements, elle élève l'âme et la pénètre d'un saint enthousiasme; mais nous ne sommes pas au bout de ces beaux faits d'armes, de ces scènes grandioses qui brillent au front de la patrie de tout l'éclat de leur héroïque magnificence.

Puisque nous avons, jusqu'à présent, suivi de loin les mouvements de notre armée, entrons avec elle à Mayence, et invitons en même temps M. de Mauduit à nous raconter cette partie si intéressante de l'histoire de la grande armée.

« Notre arrivée à Mayence, dit l'auteur, rappelle en » quelque sorte le retour à Wilna, tant notre dénû- » ment est grand, tant le désordre est à son comble. » On se dispute *les quelques grappes que l'on découvre* » en parcourant les vignes qui bordent la route à peu » de distance du Rhin; et si dans l'empressement ou » dans la précipitation un soldat heurte un peu trop » fortement un camarade, ce dernier *chancelle et tombe* » *mort*. Le mouvement, chez lui, n'était plus qu'une » *dernière convulsion de la vitalité qui s'éteignait comme* » *une bougie sous un léger souffle.* »

Un physiologiste pourrait, à la rigueur, trouver quelque chose à redire dans cette manière d'expliquer la fatale influence des souffrances physiques sur l'organisme humain; mais avouez que *ces quelques grappes que les soldats se disputent*, que cette façon de parler des dures privations de nos soldats, avouez que ces détails écrits tout bonnement, tout simplement, sont pleins d'intérêt et de saisissante familiarité.

Et puis, ce qu'il faut dire aussi, c'est que tout est vrai dans ce triste récit de l'auteur. Figurez-vous des milliers de soldats découragés, blessés, exténués de fatigue, décimés par le typhus, et vous comprendrez alors pourquoi le soldat, en heurtant son camarade, *le faisait chanceler et tomber mort.*

Une halte à Mayence. Quelle halte, grand Dieu! Aussi l'auteur de s'écrier avec sa verve habituelle et d'un ton chagrin : « Nous laissâmes le pavillon noir sur » les murs de Mayence, de cette ville qui, jadis ber- » ceau de notre gloire, n'offrait plus que l'image d'un » vaste tombeau au milieu des continuels tintements » du glas de la mort. »

Mais trêve à ces tableaux pleins de larmes. Oublions un instant Mayence et ses rues pavées de cadavres. Il importe au salut de la France que son armée, malgré les pertes qu'elle vient d'éprouver, se représente au combat forte, hardie et confiante dans sa valeur. Ne croyez pas qu'elle soit épuisée, vous qui menacez déjà nos frontières. Cette armée, « elle a dépouillé ses hail- » lons, jeté son bâton de pèlerin et repris ses armes; » elle compte encore 90,000 soldats! Ces généreuses » légions vont défendre pied à pied le sol de la patrie » contre des *myriades d'ennemis*; elles vont faire tête à

» 600,000 étrangers qui s'abattent comme des vau-
» tours sur le sol de notre belle et malheureuse
» France. »

Et M. de Mauduit de continuer à raconter avec cette humeur un peu vaine, avec cette impétuosité guerrière et cette brusquerie de style qui lui sont familières, les douleurs et les espérances des soldats de la Grande Armée.

IV

Les fortes croyances ont cela d'admirable, qu'elles répandent une sorte de parfum divin sur les plus grandes infortunes, et les rendent même plus faciles à supporter. Les soldats de la Bérésina, de Lutzen, de Bautzen et de Leipzig croyaient à la gloire, à la patrie, cet asile inviolable, cette terre sainte et privilégiée, cet immense foyer où viennent se réchauffer tous les cœurs qui battent sous le même ciel. Ils n'ignoraient pas que là où est le drapeau, là est la France; mais ils avaient trop souffert pour ne pas désirer de voir de plus près le pays dont ils se trouvaient depuis si longtemps éloignés. De temps à autre il leur arrivait, à ces fils de la gloire, en s'avançant vers nos frontières, d'entendre çà et là des notes mélodieuses, divins échos de cette musique céleste répandue dans toute la nature. Lorsque ces notes mélodieuses, qui allaient droit à leurs cœurs et mettaient des larmes dans leurs yeux, devinrent de plus en plus distinctes, et permirent aux soldats de la Grande Armée de se livrer à toute la joie du retour, oh! alors ce fut sur toute la ligne de nos colonnes un cri puissant, indéfinissable. Ce cri sympathique et profond, vous l'avez deviné. Nos soldats criaient : Vive la France!

Ces hommes héroïques ont enfin revu le ciel du pays; ils ont combattu d'un grand cœur contre nos ennemis, et ils brûlent d'impatience de donner à leurs mères, à leurs sœurs, à toutes les personnes aimées, le baiser du retour. Mais la lutte dure encore, et le moment n'est pas venu pour eux de retourner dans leurs foyers; il faut qu'ils réunissent leurs courageux efforts pour défendre la France, cette terre de leurs yeux, à Saint-Dizier, à Brienne, à La Rothière, à Vauchamps, à Mormant, à Montereau, à Bar-sur-Aube, à Craonne, à Arcis-sur-Aube, partout où les coalisés cherchent à arborer le drapeau de l'invasion, drapeau de honte et de malheur.

« Au 15 décembre 1813, dit M. de Mauduit, la » France, menacée depuis Bayonne jusqu'à Anvers, » se trouvait presque enveloppée par la coalition » de la quadruple alliance, et n'avait guère à op- » poser à ses 600,000 assaillants que 150,000 baïon- » nettes. »

L'Europe entière, ébranlée jusque dans ses fondements, ne présentait partout que le spectacle terrible d'une population immense marchant en armes sur la France.

Cependant, quelque confiance que dussent inspirer à tant d'ennemis le nombre si prodigieux de leurs forces et les succès inespérés qu'ils avaient obtenus, ils s'arrêtèrent inquiets et tremblants, arrivés aux frontières de cette France qu'ils étaient venus conquérir. On eût dit que tout leur courage les abandonnait à l'aspect du pays d'où était partie la foudre qui, pendant vingt ans, avait porté la terreur à l'étranger.

L'auteur, arrivé à cette partie de son livre, fait remarquer que « l'armée française va avoir à lutter » contre les 424,000 baïonnettes, les 100,000 sabres » et les 2,000 bouches à feu que l'Europe dirige contre » elle. »

Ce serait ici le cas d'analyser la campagne de 1814, de montrer l'Empereur luttant encore de toute la puissance de son génie contre les ennemis à qui les intrigues du parti royaliste avaient ouvert les portes de Paris. Mais M. de Mauduit n'a pas jugé à propos de tracer le dramatique tableau de cette lutte immortelle entre une poignée de héros et des armées formidables. Contentons-nous donc d'admirer en passant le courage de notre armée, et de répéter ces mâles paroles de notre ami, M. le chef d'escadron Durand : « La campagne » de 1814 laissera jusqu'à la fin des siècles une magnifique auréole au front de nos soldats et de leur » général : Brienne, Champaubert, Montereau, Château-Thierry, Vauchamps, Montmirail, Nangis, » Craonne, Reims, Bar-sur-Aube et La Ferté, brilleront à jamais comme de splendides diamants sur la » couronne d'immortalité que leur tressera l'histoire. »

V

Nous sommes arrivés au chapitre VII de l'ouvrage de M. de Mauduit. Dans ce chapitre, l'auteur entre dans quelques détails sur la capitulation de Paris. L'Empereur, par les dispositions qu'il avait prises, pouvait

chasser de France ses envahisseurs ; « mais le sénat
» donna l'exemple de la félonie, et proclama chef du
» gouvernement provisoire un homme de tous les
» temps, de tous les partis, jouant avec tous les gouver-
» nements, toutes les politiques, ce trop célèbre Talley-
» rand, qui avait servi tour à tour tous les autels, tous
» les pouvoirs, et qui scellait toutes les désertions par
» autant de serments en les trahissant alternativement.
» Ce fut cet homme que le sénat chargea d'amener
» l'Empereur, dont il avait été longtemps le premier
» ministre, à déposer une couronne qui, après avoir
» sauvé la France, en avait fait la plus haute gloire !
» une couronne sur laquelle se trouvait inscrite l'hu-
» miliation des puissances européennes, et qu'il dut
» échanger contre une petite île de la Méditerranée,
» lui qui avait tenu le monde dans sa main. »

L'Empereur voulut bien essayer de résister encore à la coalition ; mais, chose triste à dire, le peuple, qui aurait pu se lever une dernière fois dans sa force, et faciliter, par une défense féconde et solennelle, la victoire d'une armée fidèle, ce peuple avait cessé un instant de sentir remuer en lui les sentiments de sa nationalité et de sa gloire, et, chose encore plus triste, c'est qu'au nombre de ces hommes, devenus indifférents pour la patrie, se trouvaient....... Mais arrêtons-nous là. N'imitons pas l'auteur des *Derniers jours de la Grande Armée*, qui a cru donner plus d'intérêt à son livre en se montrant impitoyable à l'égard de ceux de nos guerriers célèbres qui, dans ces jours néfastes, sentirent faiblir en eux leur amour pour la France.

Nous croyons que M. de Mauduit n'a pas assez tenu

compté, dans cette partie de son œuvre, du sentiment de solidarité qui nous porte à ne pas accabler les coupables du poids de notre mépris. Il est permis à l'historien d'ouvrir de temps à autre son cœur à la pitié. Nous reprochons à M. de Mauduit de s'être attaché parfois à frapper fort plutôt qu'à frapper juste, d'avoir trop laissé percer dans ses pages l'élément purement personnel, de ne pas s'être assez défié de sa nature ardente et passionnée. Cette tendance à exagérer les actions blâmables de certains hommes qu'il met en scène donne à la pensée de l'auteur quelque chose de rude et de violent, et l'on se prend alors à regretter qu'il n'ait pas toujours été maître de son cœur et de son esprit. Mais le moment n'est pas venu d'étudier au point de vue d'ensemble l'œuvre de M. de Mauduit; reprenons donc, sans plus tarder, le récit des événements de 1814.

VI

Nous avons laissé l'Empereur succombant sous le poids de sa mauvaise fortune. Il pouvait se retirer sur la Loire, rallier autour de lui ses armées dispersées en vingt endroits, et balancer encore le sort du monde avec les nobles débris de sa vaillante armée. Mais les étrangers, en entrant à Paris, déclarent qu'ils ne font pas la guerre aux Français et n'en veulent qu'à Napoléon; ils ajoutent même qu'ils respecteront l'intégrité des anciennes limites de la France, si la nation veut se choisir un autre souverain.

Napoléon avait toujours combattu pour la gloire et la prospérité du pays. Dès qu'il put croire qu'à la suite de nos grands désastres elle pourrait prétendre sinon au bonheur, du moins à la tranquillité, il abdiqua la couronne impériale.

Le 20 avril 1814 était le jour fixé pour le départ de l'Empereur.

« Il descendit vers midi par le grand escalier de la » cour du Cheval blanc ; il la traversa à pied au milieu » de 1,200 grenadiers et chasseurs de sa garde rangés » sur deux haies, depuis l'escalier jusqu'à la grille. » Avant d'arriver, Napoléon s'arrêta, fit former un cer- » cle à la garde, fit signe à tous les officiers de se rap- » procher, et prononça d'une voix ferme, quoique » émue, un discours qui produisit sur ses compagnons » d'armes l'effet qu'il avait droit d'en attendre. Les » paupières de ces vieux guerriers se mouillèrent ; un » morne silence attestait que leurs cœurs étaient pro- » fondément touchés. Napoléon monte ensuite en voi- » ture avec le maréchal Bertrand. En sortant de la » grille il baissa une glace ; des larmes roulaient dans » ses yeux. C'était en vain qu'il cherchait à dissimuler » son émotion ; elle se trahissait par tous les traits » de son visage. Hélas ! il quittait la France ! il quittait » son armée ! »

Nous aimons ce tour de phrase simple et vrai, sans ornement, sans recherche. Toute la pensée du soldat de la vieille garde qui se sépare de son Empereur s'y découvre dans son étendue, dans son regret, dans sa douleur. C'est une aisance, un laisser-aller, un naturel parfait dans l'expression de la tristesse et du souvenir.

Nous voici au 4 mai 1814. Louis XVIII monte sur

le trône, et l'auteur salue notre première restauration de cette phrase ironique et mordante :

« Ici commence pour l'armée comme pour la **France** » une nouvelle ère, QU'ON APPELLE RESTAURATION. L'im- » mense majorité de nos généraux la saluent avec accla- » mation ; les officiers subalternes et les anciens sous- » officiers et soldats seuls attendaient que le temps les » eût mis à même de connaître et d'apprécier les » bonnes intentions de leur nouveau souverain. »

Que de méchanceté dans ces quelques lignes ! comme l'auteur sait bien se replier sur lui-même pour mieux diriger ses coups avec plus de force. Il semble se réjouir chaque fois qu'il peut tenir au bout de sa plume un fait, un incident, un mot, un rien qui lui permette de faire un nouvel accroc à la réputation des principaux chefs de la Grande Armée. Ainsi avec quel fiel il dit encore :

« Plus de 400 officiers-généraux précédaient, en » grande tenue, le 14 mai 1814, le *carrosse royal:* » c'était à qui, parmi ces *brillants escadrons*, agiterait » le plus son chapeau brodé pour provoquer notre » enthousiasme. »

Pas le plus petit respect pour l'autorité, pas la moindre indulgence pour ces vaillants généraux qu'il poursuit sans pitié de son énergie fougueuse, de sa verve inflexible, de sa phrase un peu brusque et qui touche comme un coup de fleuret. Évidemment c'est là une faute ; un peu plus de modération ne nuirait pas au jugement de l'auteur.

Mais avançons encore et abrégeons un peu, car il est temps de finir. Nous trouvons dans le chapitre XII du livre un sommaire ainsi conçu : « Querelle » des détachements de l'ex-garde impériale avec les » troupes des puissances alliées, notamment avec les » Autrichiens. — Erreur qui en fut la cause. — Ordre » du jour qui y mit fin. — 30 mai. Traité de paix, en » 33 articles, entre la France et les puissances coalisées. — Texte du traité. — Acte conditionnel à ce » traité. — Le maréchal Suchet, duc d'Albufera, envoie son adhésion et celle de l'armée d'Aragon au » gouvernement du roi ; sa lettre inédite à ce sujet. — » *Impudente* allocution du maréchal Augereau, duc de » Castiglione, à ses soldats. — Ordonnance du roi pour » réorganiser l'armée. — Fautes et injustices des ministres de la restauration envers la garde impériale. » — Tableau relatif à l'organisation de l'armée. — Détails curieux à cet égard. — Suppression de l'effigie » de Napoléon sur la croix de la Légion d'honneur. — » Inquiétude et fermentation des esprits. »

Ce sommaire indique à peu près les tendances, la pensée, le but de l'auteur. Nous devrions à la rigueur entrer dans quelques détails, mais la place nous manque. Contentons-nous donc, pour essayer de résumer cette phase de l'histoire des premiers mois de 1815, de citer ce passage des *Derniers jours de la Grande Armée* :

« Pendant que les partis s'agitaient dans l'ombre, » que la tribune et la presse retentissaient d'un langage si étranger à toute oreille militaire, que l'avocasserie venait sans cesse pérorer là où, jusqu'alors, » les accents de la gloire s'étaient toujours fait entendre, que les courtisans de tous les régimes se pres-

» saient dans les antichambres pour y disputer quelque » clef de chambellan, l'armée se reposait paisible- » ment dans ses garnisons à l'ombre de ses lauriers, et » faisait retentir ses chambrées des récits pittoresques » de ses misères et de ses exploits. »

Telle était la disposition des esprits dans les régiments au commencement de l'année 1815. Tous les cœurs, tous les yeux se portaient du côté de l'île d'Elbe. Napoléon régnait encore moralement sur la France. On ne voyait, on ne voulait voir que la gloire dont il avait comblé la patrie; et il devenait évident que s'il parvenait à poser le pied sur le sol de la France, la royauté restaurée serait forcée de reprendre le chemin de l'exil.

Arrêtons-nous là ! Si le lecteur désire de plus amples détails, nous l'engageons à lire l'ouvrage de M. de Mauduit. Les pages consacrées au retour de l'île d'Elbe sont appuyées d'une foule de documents précieux, d'anecdotes intéressantes, de réflexions piquantes.

La narration, dans cette partie du livre de M. de Mauduit, est brève, rapide, colorée, sans recherche, vive et pittoresque; on voit que l'auteur a compris l'histoire de 1814 et 1815 en homme d'action. Il va droit au but, sans s'inquiéter des reproches de celui-ci, de la haine de celui-là, cherchant à dramatiser son sujet en faisant apparaître les hommes de cette merveilleuse époque plutôt avec leurs défauts qu'avec leurs qualités; oubliant presque toujours qu'on peut donner de l'intérêt à l'histoire, de la vie aux faits sans être cruel à l'égard de ses adversaires; se préoccupant beaucoup trop des hommes et pas assez des idées, et se servant trop souvent de sa parole comme d'une guillotine pour en finir une bonne fois avec les réputations qu'il cherche à renverser ; ayant enfin toujours l'air de croire qu'il ne cesse pas d'être juste en devenant inexorable : voilà M. de Mauduit tel qu'il est, tel qu'il écrit. Les événements se déroulent sous sa plume avec un luxe d'incidents divers, qui se croisent et se heurtent sans s'épuiser. En lisant les *Derniers jours de la Grande Armée,* on croit assister à une espèce de course au clocher, à une querelle à coups d'épée, à des charges de cavalerie exécutées avec autant d'audace que d'intrépidité. C'est de la haine, du sarcasme, de la brusquerie, souvent même de la violence, et parfois, au milieu de ce feu de mousqueterie, une sincérité, une bonne humeur, un dévouement, une promptitude une fécondité qui vous forcent à être indulgent pour les fautes de l'écrivain.

Disons-le cependant, car notre conscience nous en fait un devoir. M. de Mauduit a poussé trop loin dans son œuvre le goût des personnalités ; il s'est trop attaché à diminuer la gloire des uns, à exagérer le courage, le dévouement et l'héroïsme des autres. Il ne s'est pas assez étudié à relever la foi du soldat, à lui faire croire à la justice, à la bienveillance de ses chefs, à l'amour du drapeau !

« J'ai porté le trouble, dit-il, parmi ces protégés de » haute lignée auxquels tu sers de levier, toi, soldat, » dont ils font si bon marché pour arriver plus vite. » Ils avaient ridiculisé tes cheveux grisonnants, fruit » de tes campagnes, de tes bivouacs, de ta misère ; je » les ai stigmatisés..... »

C'est là de la passion, de la colère, et l'auteur semble ne pas s'apercevoir, en s'exprimant ainsi, qu'il excite des jalousies, qu'il crée des rivalités, qu'il creuse entre les jeunes et les anciens officiers un abîme de sombre intrigue et de haine sans rémission ; que c'est là un détestable moyen d'essayer de sauvegarder la discipline et l'honneur du drapeau !

« Je veille, dit encore M. de Mauduit en s'adressant » au soldat, pour que des garanties te soient données » et te mettent à l'abri d'un caprice ou d'un calcul. Je » veille pour que la loi te prenne sous son égide, et » prouve qu'elle est plus forte que l'intrigue, le favori- » tisme, ces plaies vivaces de notre siècle. Je veille, etc. »

Tout cela est plein de fiel, d'ironie et d'injustice. Dans la vivacité de sa pensée, M. de Mauduit oublie trop souvent que ce n'est pas avec de semblables paroles qu'on peut inspirer au soldat le sentiment du devoir. Sans doute tout n'est pas parfait dans nos institutions militaires; mais les lumières et le dévouement de ceux qui se préoccupent des intérêts de l'armée nous disent assez que les abus, s'ils existent, disparaîtront insensiblement. Laissez faire le progrès. A chaque heure son amélioration. C'est dans la généreuse émulation, dans les sympathiques tendances de ceux qui nous gouvernent, que nous devons placer nos espérances.

Elles se réaliseront progressivement, car il est dans la nature de l'esprit humain d'aller en avant. Mais un progrès qui tend à saper la discipline dans sa base, à créer une insurrection permanente contre l'autorité, de ce progrès nous n'en voulons pas, nous le condamnons sansappel.

Nous avons touché jusqu'à présent quelques uns des

points les plus importants de l'œuvre de M. de Mauduit, et nous croyons que le moment est venu de suspendre notre analyse critique.

Nous nous arrêtons aux événements de 1815. Dans un prochain article, nous suivrons l'auteur sur le champ de bataille de Waterloo.

Ce sujet a donné lieu à un déluge de livres et de brochures : ce n'est donc pas là une étude nouvelle. Non, sans doute ; mais il est vrai de dire qu'à cette époque orageuse et féconde, dans ces jours de fièvre et de péril, on se sent tout naturellement porté à relire avec intérêt la page d'histoire qui traite des *Derniers jours de la Grande Armée.* Ceux qui se battaient à Waterloo sous le drapeau de la France étaient de si nobles cœurs, qu'on ne saurait trop se nourrir de leurs glorieux exemples.

VII

Nous avons analysé dans un précédent article la première partie de l'œuvre de M. de Mauduit, et nous allons entrer dans l'examen de la deuxième partie, exclusivement consacrée à la campagne de 1815.

Avant d'aller plus loin, prévenons le lecteur que notre examen continuera à porter beaucoup plus sur le style, la pensée de l'écrivain et l'ensemble des événements qu'il décrit, que sur les détails mathématiques de la bataille de Waterloo. Il ne s'agit pas ici d'une appréciation dogmatique, d'une discussion approfondie sur certains faits controversés, en un mot, d'un jugement en bonne forme sur la dernière campagne de l'Empire. Non, évidemment. Nous laissons ce genre de critique aux bibliophiles infatigables qui consacrent volontiers des volumes à l'examen contradictoire de la plus simple question stratégique, et nous nous contentons, en fait de critique, d'exprimer au courant de la plume, ce que nous pensons des œuvres soumises à notre examen.

Cela dit, et nous vous demandons humblement pardon d'en avoir tant dit, revenons bien vite à l'ouvrage des *Derniers jours de la Grande-Armée.*

VIII

De retour à Paris après son débarquement de l'île d'Elbe, l'Empereur s'occupe des moindres détails concernant les ressources militaires de la France, afin de faire face dans le plus bref délai à toutes les exigences d'une situation excessivement critique en présence de l'attitude menaçante de la coalition.

« Songez, écrit-il au prince d'Echmühl, que dans la situation actuelle, le salut de l'État est dans la quantité de fusils dont nous pourrons nous armer. »

Un décret arrête la formation de trois comités de défense pour les frontières.

« Tout cela, écrit encore l'Empereur, est de la plus grande urgence; il faut s'en occuper sans délai. »

Les travaux sur l'armement ne se poursuivent pas avec assez d'activité ; l'Empereur s'en plaint :

« *On a perdu quinze jours.* Dans les circonstances où nous nous trouvons, la fabrication des armes est le premier moyen de salut de l'État; il faut calculer comme si l'ennemi devait nous déclarer la guerre du 1er au 15 mai. »

Mais comment s'y prendre pour faire fabriquer un si grand nombre d'armes en si peu de temps?

« Prenez, dit-il au prince d'Echmühl, prenez les Tuileries, les casernes, les anciennes salles de spectacles et même quelques églises; il nous faut *deux cent quarante mille fusils avant le 15 mai.* »

Et pendant qu'on fabrique des armes, l'Empereur envoie l'ordre d'armer sans délai La Fère, Soissons, Vitry, Château-Thierry, de réorganiser les différents corps de la garde impériale, de prendre des mesures pour garantir les frontières des Alpes contre toute invasion du côté du midi, de porter à 72 bouches à feu l'équipage de l'artillerie de la garde, et de réunir 200 bouches à feu de campagne pour l'armement de Paris, indépendamment des 300 destinées à sa défense.

Dans ces ordres, ces instructions, ces détails infinis pour arriver à mettre la France sur le pied de guerre, nous voyons briller de tout son éclat le génie de l'Empereur. Quelle promptitude d'idées! quelle rapidité de coup d'œil! quelle méthode! quelle volonté! quelle puissance! Aussi l'auteur a-t-il raison de dire après avoir développé les faits que nous avons seulement indiqués:

« La supériorité de Napoléon domine tout ce qui » l'entoure, son aptitude s'étend à tout. Rien ne lui » échappe, rien ne se confond dans cette mémoire » sans exemple. Il a des correspondances particulières » sur tous les points, dans la plus petite place de guerre » comme dans le plus petit fortin; il reçoit et lit tout. » C'est lui qui le premier informe son ministre que » telle chose manque ici; que là il y a excédant, que » plus loin les travaux ordonnés ne marchent pas, que

» plus loin encore on n'a pas compris ses intentions, » qu'ici l'on gaspille les deniers de l'État, que là on em- » ploie des incapables ou des traîtres..... »

C'est par de semblables moyens que l'Empereur imprime à la défense une impulsion vigoureuse. L'armée, qui se trouvait considérablement réduite, est portée à 217,400 hommes. Malheureusement le temps manque pour permettre à la France de recueillir le fruit de tant de conceptions habiles, de tant de sollicitude souveraine pour sa gloire et pour sa grandeur.

« La majeure partie des ordres de Napoléon, dit » l'auteur, restèrent à l'état de projet. Dans un mo- » ment où chaque fusil neuf ou réparé trouvait un » combattant, on ne put même pas, malgré les loua- » bles efforts du lieutenant-général Evain, parvenir à » armer 100,000 gardes nationaux ou habitants des » départements frontières. »

Ces traits généraux ne suffisent pas à caractériser la situation de la France au début de la campagne de 1815, et nous voudrions préciser par quelques détails nos mouvements de guerre, mais cela nous conduirait trop loin. Nous continuerons donc à rendre compte de l'œuvre de M. de Mauduit sans nous asservir à la pénible tâche d'une complète analyse.

« Le 16 juin, vers huit heures du matin, dit l'auteur, » nous recevons l'ordre de prendre les armes et de » suivre l'Empereur, qui se porte en avant. A neuf » heures nous nous mettons en marche pour Fleurus, » tambours et musique en tête. Notre tenue est celle » du combat : la capote, le pantalon et le bonnet à poil. » C'eût été cependant pour la garde le cas de prendre » la *grande tenue;* mais les peintres seuls nous ont tou- » jours fait combattre en *grande tenue.* »

Excepté cette répétition du même mot, ce paragraphe ne méritait-il pas d'être cité ? Telle est la charmante simplicité de l'écrivain en certains endroits de son livre, qu'il éveille notre sympathie sans avoir recours aux artifices du langage. Cela prouve que le cœur est toujours préférable à l'esprit.

L'auteur tient à esquisser le tableau de la bataille de Ligny.

« Essayons, dit-il, de décrire cette journée glorieuse pour les deux armées, et qui eût été si funeste à l'armée prussienne sans la fatalité qui s'en mêla, sans les fautes graves qui se commirent en dehors du champ de bataille, fautes et fatalités qui paralysèrent l'action des 20,000 hommes du comte d'Erlon, lesquels, réunis au maréchal Ney, aux Quatre-Bras, eussent probablement *culbuté* les 50,000 Anglo-Bataves qui s'y réunirent, de même qu'ils eussent complété la victoire de Ligny en se réunissant à nous avant sept heures du soir. »

Et l'auteur d'ajouter, en revenant à sa première idée et en appuyant fortement sur chaque mot :

« Mais il y avait là contre nous soit une *fatalité*, soit
» un *mystère* que nous *n'osons pas approfondir*. »

Imitons la réserve de M. de Mauduit, et terminons nos réflexions sur la bataille de Ligny par les lignes qui suivent :

« Quand on étudie, surtout après y avoir pris part,
» la bataille de Ligny, on reste en vérité stupéfait d'ad-
» miration en présence de tant d'actions d'éclat; car
» là c'étaient *des combats corps à corps, et pendant des*
» *heures entières;* c'étaient *des coups de fusil à bout por-*
» *tant*, de la mitraille à cinquante pas et non des fu-
» sillades à deux ou trois cents toises et des canonnades

» à six cents toises, comme le sont généralement les » batailles modernes, où le meilleur manœuvrier est » certain de battre son adversaire.

» En 1815, la campagne de Belgique a été une *guerre* » *civile militaire* entre l'armée française et les soldats » de la coalition; de là ces combats pour ainsi dire » *sans quartier* dont nous avons essayé de peindre les » principaux traits. »

IX

Disons ceci en passant : Le livre de M. de Mauduit se prête peu à une analyse méthodique. L'auteur aime les digressions; il tient beaucoup plus à intéresser par la vivacité de l'expression, par l'originalité des aperçus que par la précision, la clarté, la patience et l'observation, caractères indispensables d'une bonne méthode historique.

Ce que nous disons là, l'auteur l'avoue lui-même :

« Enfant des camps, notre main n'était point destinée à tenir le burin de l'histoire : témoin des faits » que nous écrivons, *il nous serait bien difficile d'ob-* » *server le calme, le sang-froid qui doivent être les pre-* » *mières qualités d'un historien.* »

Et un peu plus loin :

« Nous n'avons point entrepris la tâche que nous » remplissons *en ce moment* pour briguer *le moindre* » *éloge académique;* il s'agit d'un plus haut intérêt » pour nous; il s'agit de porter la lumière de la vérité » sur des faits dénaturés par l'esprit de parti, et de ne » pas laisser usurper par d'autres les bénéfices de » gloire qui reviennent aux héros de la Grande- » Armée. »

Telle est la familière explication de l'auteur au sujet des imperfections de son livre, et vraiment cette explication, qui se distingue par une certaine pureté naïve, est trop de notre goût pour ne pas nous en contenter.

Laissons donc notre ingénieux et intéressant écrivain remplir comme il l'entend sa tâche d'historien. Laissons nous raconter avec toute l'audace et la bizarrerie de son imagination les traits de courage des soldats de la vieille garde, et exalter avec une orgueilleuse satisfaction l'héroïsme de notre intrépide cavalerie à la bataille de Mont-Saint-Jean :

« Atteinte de toutes parts, dit l'auteur, par le feu » des bataillons ennemis, notre cavalerie ne se rebute » pas un seul instant, malgré des pertes effroya- » bles. Les généraux, officiers, grenadiers à cheval, » cuirassiers, dragons, lanciers et chasseurs, tous, nous » aimons à le proclamer, rivalisèrent de bravoure au » milieu de cet enfer qui, de mille côtés, vomissait la » mort dans leurs rangs. »

Il termine ce passage, si flatteur pour notre cavalerie, par cet éloge non moins remarquable du maréchal Ney :

« A peine le général Durutte était-il parti que le » prince de la Moskowa se présente un tronçon d'épée » à la main et monté sur un cheval d'emprunt, dont » les flancs étaient en lambeaux.

» Je veux vous faire voir, s'écrie-t-il, comment meurt » un maréchal de France !

» Par ces paroles le maréchal électrise ses soldats et » les ramène à l'ennemi. Mais, écrasés par des masses » de cavalerie et d'infanterie, foudroyés par la mi-

» traille, ces 800 braves ne tardent pas à être dispersés, » et le maréchal n'a que le temps de se jeter dans le » carré de la vieille garde pour ne pas tomber vivant » au pouvoir d'un ennemi victorieux. »

Pour achever de donner une idée de l'ensemble du livre de M. de Mauduit, citons encore cette page, qui mérite d'être lue attentivement d'un bout à l'autre :

« A la fin de la bataille il ne restait de toute l'armée que les carrés de la vieille garde qui disputèrent longtemps le terrain pied à pied contre des masses de toutes armes ; mais ces *triaires* de l'armée française, écrasés par le choc des ennemis, succombèrent sans avoir été vaincus.

» Qu'il nous soit permis d'en donner ici pour preuve les derniers moments de l'un de ces bataillons immortels, dont le souvenir doit enfanter plus d'un prodige de valeur.

» Le 2e bataillon du 3e régiment de grenadiers, commandé par le lieutenant-colonel Belcourt, avait été conduit par l'Empereur vers *Gomont* et laissé là comme *sentinelle perdue*, car il devait supporter presque seul le premier choc de la cavalerie et de l'artillerie légère descendues du plateau de la *Haie-Sainte*.

» Livré à lui-même, et planté au milieu de la plaine comme un blockaus isolé, le 2e bataillon du 3e de grenadiers ne tarde pas à devenir le point de mire de plusieurs batteries anglaises. Le boulet, les obus, la mitraille lui font éprouver des pertes sensibles. Pour remplir le vide occasionné par la mort, il resserre ses rangs.

» Un instant la cavalerie anglaise, croyant la brèche

ouverte, part comme une flèche, mais le rempart est debout, et 200 Anglais viennent s'abattre à ses pieds et lui servir de glacis !

» Cinq minutes s'écoulent ; une masse plus nombreuse et plus compacte se présente pour venger cet échec. Les grenadiers l'attendent à cent pas. Parvenus à cette distance, les escadrons de tête prennent le galop, et, comme le lion qui a mesuré son bond, ils s'élancent à fond de train ; car, par le poids seul de leurs chevaux, ils espèrent renverser cette muraille humaine. Illusion ! Le feu commence, et cette charge subit le sort de la première. Chaque charge est reçue au cri de *Vive l'Empereur!*

» La cavalerie anglaise s'irrite de la résistance imprévue de nos 400 grenadiers. Une troisième charge plus menaçante encore se prépare ; elle arrive flanquée de bouches à feu et s'arrête à deux cents pas de distance, n'osant pas approcher de plus près. De là elle lance ses boîtes de mitraille qui renversent plusieurs files, achèvent quelques blessés ou sifflent au-dessus du carré en brisant des baïonnettes. A la deuxième décharge, la cavalerie, croyant encore l'instant favorable, s'ébranle, comptant bien cette fois sur le succès ; elle enveloppe le carré tout entier et veut en finir.

» Un troisième cri de vive l'Empereur part de toutes ces nobles poitrines. Vive l'Empereur ! tel est le mot d'ordre de ce troisième assaut... Vive l'Empereur ! s'écrient toujours ces incomparables soldats.

» Le signal est donné. Les trompettes sonnent la charge, et 1,000 à 1,200 chevaux se précipitent à la fois sur les quatre angles du carré ! Chose miraculeuse et digne d'admiration, le carré est resté debout ! l'ennemi a tourné bride en poussant des hurlements de rage et de désespoir.

» Rester plus longtemps sur un pareil terrain était désormais du courage perdu pour l'armée. L'intrépide bataillon commence un mouvement de retraite... l'ennemi le suit. Des hourras effroyables, poussés en trois ou quatre langues différentes, donnent le signal d'un quatrième assaut.

» Le triangle impérial s'arrête et attend. Cette fois on ne tirera qu'au moment où la baïonnette s'enfoncera dans l'homme ou dans le cheval : ce choc sera le dernier.

» *Ne nous rendons pas!* s'écrient les grenadiers, et aussitôt de nouveaux cris de : Vive l'Empereur ! annoncent à l'armée ennemie cette sublime détermination.

» La cavalerie approche et pas un coup de fusil ne part du carré. A quarante pas du but, la cavalerie s'arrête comme par un sentiment irrésistible de crainte et de respect. Mais bientôt elle pousse en avant et se décide à une lutte corps à corps contre une poignée de soldats.

» Les lanciers de Brunswick sont en tête, leurs lances devant servir de bélier pour pousser et renverser ce rempart de deux hommes d'épaisseur. Les grenadiers croisent la baïonnette, les lances sont croisées : la mêlée devient générale.

» Les coups de pistolets à brûle-pourpoint, les coups de lance, les coups de sabre et les coups de baïonnette ont bientôt jonché ces 20 toises carrées d'hommes et de chevaux. Cent et quelques grenadiers sont aussi tombés sur leurs propres victimes. La phalange n'a plus de forme, la mort l'a brisée ! »

C'est là une belle et éloquente page d'histoire. Une

mâle énergie, mêlée d'une extrême sensibilité, respirent à chaque ligne de ce dramatique récit écrit avec des larmes et le bout d'une épée.

Une dernière citation complètera la rapide analyse que nous avons faite de l'œuvre de M. de Mauduit. Les glorieux débris de notre vaillante armée se rapprochent de Paris, et quoique épuisés par les douleurs d'une longue et sanglante agonie, ils s'avancent avec la volonté de défendre Paris.

« Mais, s'écrie l'auteur avec un sentiment de tristesse indéfinissable, Paris nous a fermé ses portes : Paris n'ouvre son cœur qu'aux soldats de Blücher et de Wellington.

» 90,000 braves sont encore en bataille et protégent Paris : tous réclament une éclatante revanche du désastre de Waterloo. Chacun prépare ses armes, fait repasser son sabre, complète ses munitions et reprend sa place de bataille pour faire face à l'ennemi. Des bords de l'Ourcq à la barrière de Montrouge, l'armée n'attend que le signal du combat. Ce signal, promis pour midi, doit partir du sommet de Montmartre et avoir pour écho les 500 bouches à feu qui garnissent notre front... Mais, vain espoir ! notre arrêt... arrêt de honte ! vient d'être signé à l'endroit même où nous attendions le signal de la victoire ou de la mort. »

Ici se termine l'ouvrage des *Derniers jours de la Grande-Armée*, ouvrage excellent si l'on passe à l'auteur quelques imperfections de langage, et, par-dessus tout, certain jugement excessivement sévère, pour ne pas dire plus. Évidemment l'auteur a dû travailler beaucoup pour parvenir à mettre en ordre les matériaux qui devaient servir à la construction de son œuvre, et nous croyons être dans le vrai en disant que cette œuvre a droit à une place de choix parmi les brochures, relations et livres de différents formats qui ont été publiés sur la campagne de 1815.

Poussons plus loin les réflexions qui précèdent : mettons un instant l'auteur sur la sellette, et voyons quel est son degré de mérite comme historien.

Comme historien, M. de Mauduit laisse de côté toutes les opinions, toutes les doctrines, et emploie la vigueur de son esprit à raconter, à batailler, à mordre, à gronder avec une liberté de style égale à l'originalité de sa pensée.

Quel est l'historien que l'auteur a pris pour guide? Est-ce Augustin Thierry, Mignet, Guizot, Lamartine, Michelet? Ni les uns ni les autres. Son système est à lui seul, et ce système consiste à tout voir, à tout dire et à ne rien juger, à tout chercher et à ne rien voiler, à s'animer dans le récit d'un combat, dans le tableau d'une bataille, et à être parfois éloquent, plutôt par la simplicité de ses réflexions que par la profondeur de ses intentions.

S'il nous était permis de hasarder une comparaison, nous dirions que M. de Mauduit a plus d'un trait de ressemblance avec nos chroniqueurs du XVIe siècle. Sans avoir le coloris ingénieux de Froissard, la piquante bonhomie de Joinville, la diction puissante et brève de Villehardouin, il possède néanmoins quelque chose de l'éloquence naturelle, de la grâce facile, de la verve entraînante qui distinguent ces écrivains.

Nous venons d'exprimer notre opinion sur l'ensemble de l'ouvrage des *Derniers jours de la Grande-Armée*, et le moment est venu de nous demander si cet ouvrage est destiné à un grand succès. A vrai dire, nous ne le pensons pas : nous vivons à une époque fébrile où les événements du jour font rapidement oublier ceux de la veille. L'esprit français est d'ailleurs ainsi fait qu'il n'accorde qu'un faible souvenir à l'image des choses et des personnes d'autrefois : Waterloo est déjà si loin de nous, et nous sommes si disposés en France à manquer de mémoire envers ceux qui ne sont plus ! Donc, il est possible que *les Derniers jours de la Grande-Armée* n'obtiennent pas un succès de nombre. Dans tous les cas, ils peuvent compter sur un succès d'estime.

Et maintenant laissez-nous vous annoncer une nouvelle. Non content d'avoir écrit l'histoire de la campagne de 1815, M de Mauduit a voulu dire son mot sur la révolution de Février et l'insurrection de Juin. Ce mot est écrit, le volume est fait, et l'auteur nous en a lu quelques fragments qui nous ont paru pleins d'intérêt.

Nous avons fait remarquer à M. de Mauduit que, dans son histoire de Février, il se montrait non moins impitoyable que dans ses autres ouvrages à l'égard des hommes ayant pris part aux événements qu'il décrit. Tout en approuvant la vive familiarité de sa phrase, la vigueur de son style, la libre énergie de sa pensée, nous avons blâmé certaines expressions violentes, certains jugements empreints d'une excessive sévérité.

Et M. de Mauduit nous a répondu en empruntant le langage du chancelier de l'Hôpital :

« Je sais que ceci sera trouvé âpre, et que j'aurais pu » parler plus doucement; mais la nécessité m'a arraché » malgré moi ces paroles et m'a fait préférer de dures » vérités à de douces flatteries. »

DE COLONJON.

www.ingramcontent.com/pod-product-compliance
Ingram Content Group UK Ltd.
Pitfield, Milton Keynes, MK11 3LW, UK
UKHW032009260826
14628UKWH00005B/2372

9 782013 268257